AF321438

TABLEAUX

JUDICIAIRES ET ADMINISTRATIFS,

POUR LE SERVICE DE L'AUDIENCE,

LA CONFECTION DES DISTRIBUTIONS ET ORDRES,

ET

l'accomplissement des opérations électorales et du recrutement,

PAR

Antoine-Gaspard BELLIN,

DOCTEUR EN DROIT, JUGE SUPPLÉANT AU TRIBUNAL CIVIL DE LYON.

PARIS,

IMPRIMERIE ADMINISTRATIVE DE PAUL DUPONT,

Rue de Grenelle-Saint-Honoré, 45.

1852

TABLEAUX

JUDICIAIRES ET ADMINISTRATIFS

POUR LE SERVICE DE L'AUDIENCE.

TABLEAU UNIQUE.

HAUTE COUR DE JUSTICE.

Faire expulser les individus qui donneraient des signes publics, soit d'approbation, soit d'improbation, ou exciteraient du tumulte, de quelque manière que ce soit; s'ils résistent ou s'ils rentrent, ordonner de les arrêter et conduire dans la maison d'arrêt (art. 504, Code d'instruction criminelle).

Tumulte à l'audience accompagné d'injures ou voies de fait donnant lieu à l'application des peines correctionnelles ou de police (Voir art. 505, *ibid.*).

S'il se commet un délit correctionnel dans l'enceinte et pendant la durée de l'audience, le président dressera procès-verbal du fait, entendra le prévenu et les témoins, et le tribunal (la Haute Cour) appliquera, sans désemparer les peines prononcées par la loi (art. 181, *ibid.*).

Tumulte, délit ou crime à l'audience.

Voies de fait qui auraient dégénéré en crimes, ou tous autres crimes flagrants et commis à l'audience d'une cour d'assises (Voir art. 507, C. I. cr.).

Former le jury de service (art. 393, *ibid.*).

Statuer à l'égard des jurés absents, qui n'ont pas produit d'excuses valables (art. 20, sénatus-consulte organique du 10 juillet 1852).

Juré absent:

Attendu que M. N...., haut juré, ne s'est pas rendu à son poste, sur la citation qui lui a été notifiée, et qu'il ne produit pas d'excuse valable ;

Vu l'article 20 du sénatus-consulte organique du 10 juillet 1852, ainsi conçu :

Le haut juré absent sans excuse valable peut être condamné à une amende de 1,000 à 10,000 fr. et à la privation de ses droits politiques pendant un an au moins et cinq ans au plus.

La Haute Cour condamne M. N..., haut juré, à une amende de.... francs et à la privation des droits politiques pendant....

Statuer sur les incapacités, les incompatibilités ou les dispenses (art. 383, Code d'instruction criminelle).

Incapacité, incompatibilité ou dispense.

Incapacité (incompatibilité ou dispense). Attendu que M. N...., haut juré, se trouve dans un un cas d'incapacité (d'incompatibilité ou de dispense) prononcée (ou reconnue admissible) par la loi,

Vu l'article 16 (ou 19) du sénatus-consulte du 10 juillet 1852 (ou 1, 2, 3, 4 ou 5 du décret du 7 août 1848, ou 392 du Code d'instruction criminelle), ainsi conçu :

Les fonctions de haut juré sont incompatibles avec celles de — Ministre, — Sénateur, — Député au Corps législatif, — Membre du conseil d'Etat.

Les incompatibilités, incapacités et excuses résultant des lois sur le jury sont applicables aux jurés près la Haute Cour (art. 16, sénatus-consulte du 10 juillet 1852).

Tous les Français âgés de trente ans, jouissant des droits civils et politiques, seront portés sur la listè générale du jury, sauf les cas d'incapacité ou de dispense prévus par les articles suivants (art. 1er, décret du 7 août 1848).

Ne peuvent être jurés :

1° Ceux qui ne savent pas lire et écrire en français;

2° Les domestiques et serviteurs à gages (art. 2, *ibid.*).

Sont incapables d'être jurés :

Ceux à qui l'exercice de tout ou partie des droits politiques, civils et de famille a été interdit;

Les faillis non réhabilités;

Les interdits et ceux qui sont pourvus d'un conseil judiciaire;

Ceux qui sont en état d'accusation ou de contumace;

Les individus qui ont été condamnés soit à des peines afflictives ou infamantes, soit à des peines correctionnelles pour faits qualifiés crimes par la loi, ou pour délits de vol, d'escroquerie, abus de confiance, usure, attentat aux mœurs, vagabondage ou mendicité, et ceux qui, à raison de tout autre délit, auront été condamnés à plus d'un an d'emprisonnement.

Les condamnations pour délits politiques n'entraîneront l'incapacité qu'autant que le jugement la prononcerait (art. 3, *ibid.*).

Les fonctions de juré sont incompatibles avec celles de représentant du peuple, de ministre, de sous-secrétaire d'Etat, de secrétaire général d'un ministère, de préfet et de sous-préfet, de juge, de procureur général, de procureur de la République et de leurs substituts, de ministre d'un culte quelconque, de membre du Conseil d'Etat, de commissaire de la République près les administrations ou régies, de fonctionnaire ou préposé chargé d'un service actif, de militaire en activité de service, d'instituteur primaire communal (art. 4, décret du 7 août 1848).

Pourront, sur leur demande, ne point être portés sur la liste : — 1° Les septuagénaires; — 2° Les citoyens qui, vivant d'un travail journalier, justifieraient qu'ils ne peuvent supporter les charges résultant des fonctions de juré (art. 5, *ibid.*).

Ne peut point faire partie du haut jury, le membre du conseil général qui a rempli les mêmes fonctions depuis moins de deux ans.

Nul ne peut être juré dans la même affaire où il aura été officier de police judiciaire, témoin, interprète, expert ou partie, à peine de nullité (art. 16, sénatus-consulte organique du 10 juillet 1852.

La Haute Cour ordonne que le nom de M. N..... sera rayé de la liste du haut jury de la Haute Cour,

Ou bien : — Dispense M. N.... du service du haut jury pour la présente session (ou affaire).

S'il y a moins de soixante jurés présents, compléter ce nombre en tirant au sort des jurés supplémentaires parmi les membres du conseil général du département où siége la Haute Cour (art. 18, sénatus-consulte du 10 juillet 1852.)

(S'il y a lieu.) Faire prêter serment à l'interprète, majeur de 21 ans, de traduire fidèlement les discours à transmettre entre ceux qui parlent des langages différents (art. 332, § 1ᵉʳ, Code d'instruction criminelle).

Sourd-muet.—Faire prêter serment à l'interprète de traduire fidèlement les discours à transmettre entre le sourd-muet, la Cour et les parties au débat (art. 333, C. I. cr.).

Sourd-muet sachant écrire, comme à l'article 333, § 4, *ibid.*, ainsi conçu :

Dans le cas où le sourd-muet saurait écrire, le greffier écrira les questions et observations qui lui seront faites; elles seront remises à l'accusé ou au témoin, qui donneront par écrit leurs réponses ou déclarations. Il sera fait lecture du tout par le greffier.

Si l'affaire paraît de nature à entraîner de longs débats, ordonner, avant le tirage de la liste des jurés, qu'indépendamment de douze jurés il en sera tiré au sort un ou deux autres qui assisteront aux débats (art. 394, § 2, *ibid.*).

Former le jury de jugement (art. 399, C. I. cr.).

Déposer dans une urne le nom de chaque juré répondant à l'appel (*ibid.*, § 2).

Commencer l'examen de l'accusé immédiatement après la formation du tableau (art. 405, *ibid.*).

Demander à l'accusé son nom, ses prénoms, son âge, sa profession, sa demeure et le lieu de sa naissance (art. 310, *ibid.*).

Avertir le conseil de l'accusé qu'il ne peut rien dire contre sa conscience ou contre le respect dû aux lois, et qu'il doit s'exprimer avec décence et modération (art. 311).

Adresser l'avertissement suivant aux jurés, debout et découverts :

« Vous jurez et promettez devant Dieu et devant les
« hommes d'examiner avec l'attention la plus scrupuleuse

« les charges qui seront portées contre N..., de ne trahir
« ni les intérêts de l'accusé, ni ceux de la société qui l'ac-
« cuse; de ne communiquer avec personne jusqu'après
« votre déclaration; de n'écouter ni la haine ou la mé-
« chanceté, ni la crainte ou l'affection; de vous décider
« d'après les charges et les moyens de défense, suivant
« votre conscience et votre intime conviction, avec l'im-
« partialité et la fermeté qui conviennent à un homme
« probe et libre (art. 312, § 1er, C. I. cr.). »

Interpeller chaque juré successivement de répondre :
« Je le jure » (*ibid.*, § 2).

Avertir l'accusé d'être attentif à ce qu'il va entendre
(art. 313, § 1er, *ibid.*).

Trouble causé par l'accusé.

Faire retirer de l'audience et reconduire en prison tout
prévenu qui, par clameurs ou par tout autre moyen pro-
pre à causer du tumulte, mettrait obstacle au libre cours
de la justice (art. 10, loi du 9 septembre 1835).

Ordonner la lecture, par le greffier, du décret du Président de la République qui saisit la Haute Cour, et de
l'acte d'accusation (art. 5, sénatus-consulte organique du
10 juillet 1852, et 313, § 2, Code d'instruction criminelle).

Rappeler à l'accusé le contenu en l'acte d'accusation et
terminer par ces mots :

« Voilà de quoi vous êtes accusé; vous allez entendre
les charges qui seront produites contre vous (art. 314,
ibid.). »

Statuer sur les exceptions déclinatoires (incompétence),
dilatoires (remise de l'affaire), péremptoires (prescription)
et sur toutes questions préjudicielles.

(9)

Statuer sur le huis clos, s'il y a lieu (art. 81, § 2, Constitution du 4 novembre 1848) :

Vu l'article 81 de la Constitution du 4 novembre 1848,

Attendu que la publicité des débats, dans cette affaire, serait dangereuse pour l'ordre (ou pour les mœurs),

La Haute Cour ordonne qu'il y sera procédé à huis clos.

Huis clos.

Exposé du procureur général et présentation par lui de la liste des témoins (art. 315, § 1er, Code d'instruction criminelle).

Ordonner la lecture de la liste par le greffier (*ibid.*, § 2).

(S'il y a lieu). Déterminer celui des accusés qui devra être soumis le premier aux débats (art. 334, § 1, *ibid.*).

Ordonner la retraite des témoins (art. 316, *ibid.*).

Statuer à l'égard des témoins absents.

Attendu que N...., témoin régulièrement cité, n'a pas satisfait à la citation,

Vu les art. 355, § 3 et 80 du Code d'instruction criminelle,

La Haute Cour condamne N...., témoin défaillant, en... franc d'amende (100 fr. maximum).

Si la présence du témoin est indispensable à l'examen de l'affaire, renvoyer à une autre audience (art. 355, *ibid.*).

Attendu que le témoin N...., régulièrement cité, ne s'est pas présenté à l'audience,

Attendu que la présence de ce témoin est indispensable à la manifestation de la vérité,

Ouï le ministère public en ses conclusions,

Vu les articles 355 et 80 du Code d'instruction criminelle,

La Haute Cour renvoie l'affaire à l'audience du...,

Condamne N..., témoin défaillant, à... francs d'amende (100 fr. maximum),

Ordonne qu'il sera amené par la force publique devant la Cour, pour y être entendu.

Témoin défaillant.

Statuer sur les reproches contre les témoins (art. 322, § 1, C. I. cr.).

Ne pourront être reçues les dépositions : — 1° Du père, de la mère, de l'aïeul, de l'aïeule, ou de tout autre ascendant de l'accusé ou de l'un des accusés présents et soumis au même débat ; — 2° Du fils, fille, petit-fils, petite-fille, ou de tout autre descendant ; — 3° Des frères et sœurs ; — 4° Des alliés aux mêmes degrés ; — 5° Du mari et de la femme, même après le divorce prononcé ; — 6° Des dénonciateurs dont la dénonciation est récompensée pécuniairement par la loi ; — Sans néanmoins que l'audition des personnes ci-dessus désignées puisse opérer une nullité, lorsque, soit le procureur général, *soit la partie civile*, soit les accusés, ne se sont pas opposés à ce qu'elles soient entendues (art. 322, *ibid.*).

Ne peuvent déposer en justice, que pour y donner des renseignements, sans prêter serment, les individus condamnés aux travaux forcés à perpétuité, à la déportation, aux travaux forcés à temps, à la détention, à la reclusion, au bannissement, à la dégradation civique (art. 18, 28 et 34 du Code pénal), ou à qui les tribunaux auraient interdit l'exercice du droit de témoignage en justice, par application de l'article 42 dudit Code.

Pouvoir discrétionnaire du président d'entendre toutes personnes, à titre de renseignement, et sans prestation de serment (art. 269, C. I. cr.).

Entendre individuellement les témoins produits par le procureur général et par l'accusé (art. 321, § 1, *ibid.*).

Entendre, par forme de déclaration et sans prestation de serment, les enfants au-dessous de quinze ans (art. 79, *ibid.*).

Reproches.

Mineur de 15 ans.

Faire prêter individuellement aux témoins majeurs le serment de parler sans haine et sans crainte, de dire toute la vérité et rien que la vérité (art. 317, § 1, C. I. cr.). — Serment.

Demander individuellement aux témoins leurs noms, prénoms, âge, profession, leur domicile ou résidence ; s'ils connaissaient l'accusé avant le fait mentionné dans l'acte d'accusation ; s'ils sont parents ou alliés, soit de l'accusé, soit de la partie civile, et à quel degré ; s'ils ne sont pas attachés au service de l'un ou de l'autre (art. *idem*, § 2).

Demander à chaque témoin individuellement, si c'est de l'accusé présent qu'il a entendu parler ; demander à l'accusé s'il veut répondre à ce qui vient d'être dit contre lui (art. 319, § 1, *ibid.*).

Faire représenter à l'accusé les pièces de conviction, l'interpeller, les faire représenter aux témoins (art. 329, *ibid.*).

Retraite facultative des témoins entendus (art. 326, *ibid.*).

Retraite facultive d'un ou de plusieurs accusés (art. 327, *ibid.*).

Informer ensuite de ce qui s'est passé en l'absence (*ibid.*).

Ordonner, même d'office, la mise en état d'arrestation du faux témoin présumé (art. 330, § 1, *ibid.*). — Faux témoin présumé.

Taxe des témoins, médecins, chirurgiens, sages-femmes, experts et interprètes.

Témoin majeur du sexe masculin, s'il n'est domicilié à plus d'un myriamètre du lieu où il est entendu : — à Paris, 2 fr. — Dans les villes de 40,000 habitants et au-dessus, 1 fr. 50 c. — Dans les autres villes et communes, 1 fr. (art. 27, 25 et 2, § 1er, 1er et 2e tarifs criminels). — Taxe.

Taxe.

Celui domicilié à plus d'un myriamètre, 1 fr. par myriamètre parcouru et autant pour le retour (art. 2, § 2, 2° tarif criminel).

Celui domicilié hors de l'arrondissement, 1 fr. 50 c. (*ibid.*, § 3).

Indemnité de séjour. — Témoins hommes et sages-femmes, par jour, à Paris, 3 fr. — Dans les villes de 40,000 habitants et au-dessus, 2 fr. — Dans les autres villes et communes, 1 fr. 50 c. (art. 96, 1er tarif criminel).

Médecins, chirurgiens, experts et interprètes. — Par jour, à Paris, 4 fr. — Dans les villes de 40,000 habitants et au-dessus, 2 fr. 50 c. — Dans les autres villes et communes, 2 fr. (*ibid.*).

Témoins du sexe féminin et enfants au-dessous de l'âge de 15 ans, — A Paris, 1 fr. 25 c. — Dans les villes de 40,000 âmes et au-dessus, 1 fr. — Dans les autres villes et communes, 75 c. (art. 28, *ibid.*).

Taxe de voyage et de séjour, double pour les enfants mâles au-dessous de 15 ans, et pour les filles au-dessous de 21, lorsqu'ils sont accompagnés par leurs père, mère, tuteur ou curateur (art. 97, *ibid.*).

Séjour de force majeure en se rendant. — Médecins, chirurgiens, experts et interprètes : — 2 fr. par jour. — Les autres, 1 fr. 50 c. (art. 95, *ibid.*).

Juré qui se retire avant le verdict.

Condamner à l'amende le juré qui, s'étant rendu à son poste, se retire avant l'expiration de ses fonctions, sans excuse jugée valable par la Haute Cour (art. 398, Code d'instruction criminelle).

Attendu que M. N..., haut juré, après s'être rendu à son poste, s'est retiré avant l'expiration de ses fonctions, sans une excuse jugée valable par la Haute Cour,

Vu l'article 398 du Code d'instruction criminelle, ainsi conçu :

Les peines portées en l'article 396 sont applicables à tout juré qui, même s'étant rendu à son poste, se retirerait avant l'expiration de ses fonctions, sans une excuse valable, qui sera également jugée par la Cour;

Attendu que la pénalité de l'article 396 du Code d'instruction cri-

(13)

minelle a été modifiée par l'article 20 du sénatus-consulte organique du 10 juillet 1852, ainsi conçu :

Le haut juré absent sans excuse valable peut être condamné à une amende de 1,000 à 10,000 fr. et à la privation de ses droits politiques pendant un an au moins et cinq ans au plus.

La Haute Cour condamne M. N.... à.... francs d'amende (de 1,000 à 10,000 fr.) et à la privation de ses droits politiques pendant.... (un an au moins et cinq ans au plus).

Entendre le procureur général (art. 335, Code d'instruction criminelle).

Réponse de l'accusé et de son conseil (*ibid.*).

Réplique respective (*ibid.*).

Déclarer que les débats sont terminés (*ibid.*).

Faire cesser le huis clos, s'il a été ordonné.

Résumer l'affaire (art. 336, § 1, *ibid.*).

Faire remarquer aux jurés les principales preuves pour ou contre (*ibid.*).

Rappeler aux jurés les fonctions qu'ils auront à remplir (*ibid.*).

Poser les questions (*ibid.*).

S'il résulte des débats une ou plusieurs circonstances aggravantes, non mentionnées dans l'acte d'accusation, ajouter la question suivante :

« L'accusé a-t-il commis le crime avec telle ou telle circonstance (art. 338, *ibid.*)? »

Si l'accusé a proposé pour excuse un fait admis comme tel par la loi, poser la question ainsi qu'il suit :

« Tel fait est-il constant (art. 339, *ibid.*)? »

Si l'accusé a moins de seize ans, poser cette question :

« L'accusé a-t-il agi avec discernement (art. 340, *ibid.*)? »

Avertir le jury que s'il pense, à la majorité, qu'il existe, en faveur d'un ou de plusieurs accusés reconnus coupables, des circonstances atténuantes, il devra en faire la déclaration en ces termes :

« A la majorité, il y a des circonstances atténuantes en faveur de tel accusé (art. 341, § 1, C. I. cr.). »

Remettre les questions écrites aux jurés, dans la personne du chef du jury, et leur remettre en même temps l'acte d'accusation, les procès-verbaux qui constatent les délits et les pièces du procès autres que les déclarations écrites des témoins (*ibid.*, § 2);

Avertir le jury que son vote doit avoir lieu au scrutin secret (*ibid.*, § 3), mais que la discussion avant le vote est de droit (art. 5, décret du 6 mars 1848);

Qu'il doit se rendre dans sa chambre pour y délibérer ; — que son chef doit être le premier juré sorti par le sort, ou celui qui sera désigné par les jurés et du consentement de ce dernier ; — qu'avant de commencer la délibération, le chef des jurés leur fera lecture de l'instruction portée en l'article 342 du Code d'instruction criminelle, affichée en gros caractères dans le lieu le plus apparent de leur chambre (art. 342, Code d'instruction criminelle);

Que les jurés ne pourront sortir de leur chambre qu'après avoir formé leur déclaration (art. 343, § 1, *ibid.*);

Que le jury doit délibérer sur le fait principal, et ensuite sur chacune des circonstances (art. 344, *ibid.*) ;

Que le chef du jury doit lire successivement chacune des questions, et que le vote doit avoir lieu ensuite au scrutin secret, tant sur le fait principal et les circonstances aggravantes que sur l'existence des circonstances atténuantes (art. 345, *ibid.*);

(S'il y a lieu.) Qu'il doit être procédé de même, et au scrutin secret, sur la question d'excuse et de discernement (art. 346, C. I. cr.);

Que la déclaration du haut jury portant que l'accusé est coupable, et la déclaration portant qu'il existe, en faveur de l'accusé reconnu coupable, des circonstances atténuantes, doivent être rendues à la majorité de plus de vingt voix (art. 22, § 1er, sénatus-consulte organique du 10 juillet 1852); que la déclaration énoncera cette majorité, sans pouvoir énoncer le nombre de voix (art. 347, Code d'instruction criminelle).

Faire retirer l'accusé de l'auditoire (art. 341, § 5, *ibid.*).

Donner l'ordre spécial et par écrit au chef de la gendarmerie de faire garder les issues de la chambre des jurés (art. 343, § 3, *ibid.*).

Demander aux jurés ayant repris séance quel est le résultat de leur délibération (art. 348, § 2, *ibid.*).

Signer la déclaration du jury, déjà signée par son chef, et la faire signer par le greffier (art. 349, § 2, *ibid.*).

Faire comparaître l'accusé et lui faire lire par le greffier la déclaration du jury (art. 357, *ibid.*).

Verdict négatif.

(S'il y a lieu.) Statuer sur les réserves du ministère public, renvoyer l'accusé en état de mandat de comparution (ou d'amener), et même en état de mandat d'arrêt, devant le juge d'instruction de l'arrondissement où siége la Haute Cour, pour être procédé à une nouvelle instruction (art. 361, § 1, C. I. cr.).

Verdict négatif.

Acquittement.

Acquittement. — Vu la déclaration négative du haut jury,

La Haute Cour de justice prononce l'acquittement de N...., ordonne qu'il sera mis immédiatement en liberté.

(S'il y a lieu.) Donne acte au ministère public de ses réserves, renvoie l'accusé en état de mandat de comparution (d'amener ou d'arrêt), devant le juge d'instruction de l'arrondissement de (celui où siége la Haute Cour), pour être procédé à une nouvelle instruction.

Verdict affirmatif.

Verdict affirmatif.

Entendre la réquisition du procureur général (art. 362, Code d'instruction criminelle).

Demander à l'accusé s'il n'a rien à dire pour sa défense (art. 363, § 1, *ibid.*).

Statuer sur la peine (art. 365, *ibid.*).

Concours de peines.

En cas de conviction de plusieurs crimes ou délits, la peine la plus forte sera seule prononcée (art. 365, § 2, *ibid.*).

Statuer sur les frais (art. 368, § 1, *ibid.*).

Prononcer l'arrêt en donnant lecture de la loi pénale (art. 369, § 2, *ibid.*).

Arrêt de condamnation.

Vu la déclaration du haut jury, de laquelle il résulte que, dans la journée du...., N.... s'est rendu coupable du crime de (spécification), prévu et puni par l'article.... du Code pénal, ainsi conçu : (Lecture).

S'il y a lieu, ajouter l'un ou plusieurs des articles accessoires suivants :

Complicité.

Les complices d'un crime ou d'un délit seront punis de la même peine que les auteurs mêmes de ce crime ou de ce délit, sauf les cas où la loi en aurait disposé autrement (art 59, Code pénal).

(17)

Seront punis comme complices d'une action qualifiée
crime ou délit, ceux qui, par dons, promesses, menaces,
abus d'autorité ou de pouvoir, machinations ou artifices
coupables, auront provoqué à cette action ou donné des
instructions pour la commettre;

Ceux qui auront procuré des armes, des instruments ou
tout autre moyen qui aura servi à l'action, sachant qu'ils
devaient y servir;

Ceux qui auront, avec connaissance, aidé ou assisté
l'auteur ou les auteurs de l'action dans les faits qui l'auront préparée ou facilitée, ou dans ceux qui l'auront
consommée; sans préjudice des peines qui seront spécialement portées par le présent Code contre les auteurs de
complots ou de provocations attentatoires à la sûreté intérieure ou extérieure de l'Etat, même dans le cas où le
crime qui était l'objet des conspirateurs ou des provocateurs n'aurait pas été commis (art. 60, Code pénal).

Complicité.

Tous les individus condamnés pour un même crime
ou pour un même délit seront tenus solidairement des
amendes, des restitutions, des dommages-intérêts et des
frais (art. 55, *ibid.*).

Solidarité.

Les peines prononcées par la loi contre celui ou ceux
des accusés reconnus coupables, en faveur de qui le jury
aura déclaré les circonstances atténuantes, seront modi-
fiées ainsi qu'il suit:

Si la peine prononcée par la loi est la mort, la Cour
appliquera la peine des travaux forcés à perpétuité ou
celle des travaux forcés à temps. Néanmoins, s'il s'agit
de crime contre la sûreté extérieure ou intérieure de l'E-
tat, la Cour appliquera la peine de la déportation ou celle
de la détention; mais, dans les cas prévus par les arti-

Circonstances atté-
nuantes.

`eles 86, 96 et 97, elle appliquera la peine des travaux for-
cés à perpétuité ou celle des travaux forcés à temps.

Si la peine est celle des travaux forcés à perpétuité, la
Cour appliquera la peine des travaux forcés à temps ou
celle de la reclusion.

Si la peine est celle de la déportation, la Cour appliquera
la peine de la détention ou celle du bannissement.

Si la peine est celle des travaux forcés à temps, la Cour
appliquera la peine de la reclusion ou les dispositions de
l'article 401, sans toutefois pouvoir réduire la durée de
l'emprisonnement au-dessous de deux ans.

Si la peine est celle de la reclusion, de la détention, du
bannissement ou de la dégradation civique, la Cour appliquera les dispositions de l'article 401, sans toutefois pouvoir
réduire la durée de l'emprisonnement au-dessous d'un an.

Dans les cas où le Code prononce le *maximum* d'une
peine afflictive, s'il existe des circonstances atténuantes,
la Cour appliquera le *minimum* de la peine, ou même la
peine inférieure.

Dans tous les cas où la peine de l'emprisonnement et
celle de l'amende sont prononcées par le Code pénal, si
les circonstances paraissent atténuantes, les tribunaux
correctionnels sont autorisés, même en cas de récidive,
à réduire l'emprisonnement même au-dessous de six
jours, et l'amende même au-dessous de seize francs; ils
pourront aussi prononcer séparément l'une ou l'autre de
ces peines, et même substituer l'amende à l'emprisonnement, sans qu'en aucun cas elle puisse être au-dessous des
peines de simple police (art. 463, Code pénal).

Lorsque l'accusé aura moins de seize ans, s'il est décidé
qu'il a agi *sans discernement*, il sera acquitté; mais il

sera, selon les circonstances, remis à ses parents, ou conduit dans une maison de correction, pour y être élevé et détenu pendant tel nombre d'années que le jugement déterminera, et qui toutefois ne pourra excéder l'époque où il aura accompli sa vingtième année (art. 66, Code pénal).

S'il est décidé qu'il a agi *avec discernement*, les peines seront prononcées ainsi qu'il suit :

S'il a encouru la peine de mort, des travaux forcés à perpétuité, de la déportation, il sera condamné à la peine de dix à vingt ans d'emprisonnement dans une maison de correction.

S'il a encouru la peine des travaux forcés à temps, de la détention ou de la reclusion, il sera condamné à être renfermé dans une maison de correction, pour un temps égal au tiers au moins et à la moitié au plus de celui pour lequel il aurait pu être condamné à l'une de ces peines.

Dans tous les cas, il pourra être mis, par l'arrêt ou le jugement, sous la surveillance de la haute police pendant cinq ans au moins et dix ans au plus.

S'il a encouru la peine de la dégradation civique ou du bannissement, il sera condamné à être enfermé, d'un an à cinq ans, dans une maison de correction (art. 67, *ibid.*).

La condamnation à la peine des travaux forcés à temps sera prononcée pour cinq ans au moins et vingt ans au plus (art. 19, *ibid.*).

Les peines des travaux forcés à perpétuité, de la déportation et des travaux forcés à temps ne seront prononcées contre aucun individu âgé de soixante-dix ans accomplis au moment du jugement (art. 70, *ibid*).

Ces peines seront remplacées, à leur égard, savoir : celle de la déportation par la détention à perpétuité ;

Septuagénaires. et les autres, par la reclusion, soit à perpétuité, soit à temps, selon la durée de la peine qu'elle remplacera (art. 71, Code pénal).

Vu également l'article 368 du Code d'instruction criminelle, ainsi conçu :

Frais

L'accusé, ou la partie civile qui succombera, sera condamné aux frais envers l'Etat et envers l'autre partie. — Dans les affaires soumises au jury, la partie civile qui n'aura pas succombé, ne sera jamais tenue des frais. — Dans le cas où elle en aura consigné, en exécution du décret du 18 juin 1811, ils lui seront restitués.

La Haute Cour de justice condamne N... à la peine de.... et aux frais envers l'État.

Solidarité.

(S'il y a plusieurs accusés déclarés coupables.) Et tous solidairement aux frais envers l'État.

Récidive.

Et attendu que N.... se trouve en état de récidive, ainsi qu'il résulte des documents soumis à la Haute Cour par le ministère public, ce qui le place sous le coup de l'article 56 (ou 57) du Code pénal, ainsi conçu :

Quiconque, ayant été condamné à une peine afflictive ou infamante, aura commis un second crime emportant, comme peine principale, la dégradation civique, sera condamné à la peine du bannissement.

Si le second crime emporte la peine du bannissement, il sera condamné à la peine de la détention.

Si le second crime emporte la peine de la reclusion, il sera condamné à la peine des travaux forcés à temps.

Si le second crime emporte la peine de la détention, il sera condamné au *maximum* de la même peine, laquelle pourra être élevée jusqu'au double.

Si le second crime emporte la peine des travaux forcés à temps, il sera condamné au *maximum* de la même peine, laquelle pourra être élevée jusqu'au double.

Si le second crime emporte la peine de la déportation, il sera condamné aux travaux forcés à perpétuité.

Quiconque, ayant été condamné aux travaux forcés à perpétuité, aura commis un second crime emportant la même peine, sera condamné à la peine de mort.

Toutefois, l'individu condamné par un tribunal militaire ou maritime ne sera, en cas de crime ou délit postérieur, passible des peines de la récidive, qu'autant que la première condamnation aurait été prononcée pour des crimes ou délits punissables d'après les lois pénales ordinaires (art. 56, Code pénal).

Quiconque, ayant été condamné pour un crime, aura commis un délit de nature à être puni correctionnellement, sera condamné au *maximum* de la peine portée par la loi, et cette peine pourra être élevée jusqu'au double (art. 57, *ibid.*).

Récidive.

Excuse. — Mais attendu que l'accusé a été déclaré excusable par le jury,

Vu l'article 326 du Code pénal, ainsi conçu :

Lorsque le fait d'excuse sera prouvé, — S'il s'agit d'un crime emportant la peine de mort, ou celle des travaux forcés à perpétuité, ou celle de la déportation, la peine sera réduite à un emprisonnement d'un an à cinq ans ;— S'il s'agit de tout autre crime, elle sera réduite à un emprisonnement de six mois à deux ans ; — Dans ces deux premiers cas, les coupables pourront de plus être mis, par

Excuse.

Excuse.

l'arrêt ou le jugement, sous la surveillance de la haute police pendant cinq ans au moins et dix ans au plus.

S'il s'agit d'un délit, la peine sera réduite à un emprisonnement de six jours à six mois.

Accusé, membre de la Légion d'honneur, condamné à une peine afflictive ou infamante.

Légionnaire.

Sur la réquisition du ministère public, prononcer la dégradation en ces termes :

« Vous avez manqué à l'honneur : je déclare, au nom de la Légion, que vous avez cessé d'en être membre (art. 43, décret du 16 mars 1852). »

Exhortation facultative à l'accusé (art. 371, § 1, Code d'instruction criminelle).

Signature de la minute de l'arrêt dans les vingt-quatre heures (art. 370, § 2, *ibid.*).

Signature du procès-verbal de la séance (art. 372, § 3, *ibid.*).

Indemnité des jurés.

Pour chaque myriamètre parcouru, en allant et revenant, 2 francs 5o cent. (art. 91, 1er tarif criminel).

Séjour forcé, pendant le cours du voyage, constaté par certificat du juge de paix ou de son suppléant, du maire ou de ses adjoints, par jour, 2 francs (art. 95, *ibid.*).

JUGEMENT PAR CONTUMACE.

Ordonner l'appel de la cause.

Statuer, s'il y a lieu, sur l'excuse présentée par un pa-

rent ou un ami de l'accusé (art. 468, § 2, Code d'instruction criminelle).

Si l'excuse est admise, ordonner qu'il sera sursis au jugement de l'accusé et au séquestre de ses biens, pendant
un temps qui sera fixé, eu égard à la nature de l'excuse
et à la distance des lieux (art. 469, *ibid.*).

Attendu que l'excuse présentée à l'audience, au nom de l'accusé,
est légitime.

La Haute Cour de justice ordonne qu'il sera sursis au jugement de
l'accusé et au séquestre de ses biens, pendant....

Si l'excuse n'est pas trouvée légitime, ordonner qu'il
sera procédé de suite à la lecture du décret du président
de la République, qui saisit la Haute Cour de l'acte de
notification de l'ordonnance ayant pour objet la repré-
sentation du contumax et des procès-verbaux dressés
pour en constater la publication et l'affiche (art. 470, *ib.*).

Entendre le procureur général (*ibid.*).

Délibération (*ibid.*).

Statuer sur la régularité de l'instruction (*ibid.*).

Si elle n'est pas jugée conforme à la loi, la déclarer
nulle et ordonner qu'elle sera recommencée, à partir du
plus ancien acte illégal (*ibid.*).

Si l'instruction est régulière, prononcer sur l'accusation, sans l'assistance du jury (*ibid.*).

Vu les procès-verbaux constatant l'accomplissement des formalités
prescrites par les articles 465 et 466 du Code d'instruction criminelle ;

Attendu que le délai de grâce est expiré et que N....., accusé, ne
s'est pas représenté et ne se représente pas ;

Attendu qu'il résulte de l'instruction que, dans la journée du....,
N.... (spécification) s'est rendu coupable du crime prévu par l'article.... du Code pénal, ainsi conçu (lecture) :

Ajouter, s'il y a lieu, l'un ou plusieurs des articles accessoires suivants :

Les complices d'un crime ou d'un délit seront punis de la même peine que les auteurs mêmes de ce crime ou de ce délit, sauf le cas où la loi en aurait disposé autrement (art. 59, Code pénal).

Seront punis comme complices d'une action qualifiée crime ou délit, ceux qui, par dons, promesses, menaces, abus d'autorité ou de pouvoir, machinations ou artifices coupables, auront provoqué à cette action, ou donné des instructions pour la commettre ;

Ceux qui auront procuré des armes, des instruments, ou tout autre moyen qui aura servi à l'action, sachant qu'ils devaient y servir ;

Ceux qui auront, avec connaissance, aidé ou assisté l'auteur ou les auteurs de l'action, dans les faits qui l'auront préparée ou facilitée, ou dans ceux qui l'auront consommée, sans préjudice des peines qui seront spécialement portées par le présent Code contre les auteurs de complots ou de provocations attentatoires à la sûreté intérieure ou extérieure de l'Etat, même dans le cas où le crime qui était l'objet des conspirateurs ou provocateurs n'aurait pas été commis (art. 60, *ibid.*).

Tous les individus condamnés pour un même crime ou pour un même délit seront tenus solidairement des amendes, des restitutions , des dommages-intérêts et des frais (art. 55, *ibid.*).

Lorsque l'accusé aura moins de seize ans, s'il est décidé qu'il a agi *avec discernement,* les peines seront prononcées ainsi qu'il suit :

S'il a encouru la peine de mort, des travaux forcés à

perpétuité, de la déportation, il sera condamné à la peine de dix à vingt ans d'emprisonnement dans une maison de correction.

S'il a encouru la peine des travaux forcés à temps, de la détention ou de la reclusion, il sera condamné à être renfermé dans une maison de correction, pour un temps égal au tiers au moins et à la moitié au plus de celui pour lequel il aurait pu être condamné à l'une de ces peines.

Mineur avec discernement.

Dans tous les cas, il pourra être mis, par l'arrêt ou le jugement, sous la surveillance de la haute police, pendant cinq ans au moins et dix ans au plus.

S'il a encouru la peine de la dégradation civique ou du bannissement, il sera condamné à être enfermé d'un an à cinq ans dans une maison de correction (art. 67, C. P.).

La condamnation à la peine des travaux forcés à temps sera prononcée pour cinq ans au moins et vingt ans au plus (art. 19, *ibid.*).

Travaux forcés.

Les peines des travaux forcés à perpétuité, de la déportation et des travaux forcés à temps, ne seront prononcées contre aucun individu âgé de soixante-dix ans accomplis au moment du jugement (art. 70, *ibid.*).

Ces peines seront remplacées à leur égard, savoir : celle de la déportation, par la détention à perpétuité ; et les autres, par celle de la reclusion, soit à perpétuité, soit à temps, selon la durée de la peine qu'elle remplacera (art. 71, *ibid.*).

Septuagénaire.

Quiconque, ayant été condamné à une peine afflictive ou infamante, aura commis un second crime emportant, comme peine principale, la dégradation civique, sera condamné à la peine du bannissement.

Récidive.

Si le second crime emporte la peine du bannissement, il sera condamné à la peine de la détention.

Si le second crime emporte la peine de la reclusion, il sera condamné à la peine des travaux forcés à temps.

Si le second crime emporte la peine de la détention, il sera condamné au *maximum* de la même peine, laquelle pourra être élevée jusqu'au double.

Si le second crime emporte la peine des travaux forcés à temps, il sera condamné au *maximum* de la même peine, laquelle pourra être élevée jusqu'au double.

Si le second crime emporte la peine de la déportation, il sera condamné aux travaux forcés à perpétuité.

Quiconque, ayant été condamné aux travaux forcés à perpétuité, aura commis un second crime emportant la même peine, sera condamné à la peine de mort.

Toutefois, l'individu condamné par un tribunal militaire ou maritime ne sera, en cas de crime ou délit postérieur, passible des peines de la récidive, qu'autant que la première condamnation aurait été prononcée pour des crimes ou délits punissables d'après les lois pénales ordinaires (art. 56, Code pénal).

Quiconque, ayant été condamné pour un crime, aura commis un délit de nature à être puni correctionnellement, sera condamné au *maximum* de la peine portée par la loi, et cette peine pourra être élevée jusqu'au double (art. 57, *ibid.*).

Vu également l'article 368 du Code d'instruction criminelle, ainsi conçu :

L'accusé, ou la partie civile qui succombera, sera condamné aux frais envers l'Etat et envers l'autre partie. —

Dans les affaires soumises au jury, la partie civile qui n'aura pas succombé, ne sera jamais tenue des frais. — Dans le cas où elle en aura consigné, en exécution du décret du 18 juin 1811, ils lui seront restitués.

Frais.

La Haute Cour de justice, jugeant par contumace, condamne N... à la peine de..... et aux frais envers l'État.

(S'il y a plusieurs accusés reconnus coupables, les condamner tous solidairement aux frais envers l'Etat).

Solidarité.